Benjamin Klein

. . . von wegen Hölle

REGIATREX-VERLAG

2. Auflage 1996
REGIATREX-VERLAG
D-88212 Ravensburg, Vorarlbergerstr. 13
ISBN 3-928080-07-5
Druck: Kösel, Kempten

Meinen Eltern am Beginn Ihres 8. Lebens-
jahrzehntes gewidmet! Möge Ihnen, die
mich in meiner Jugend geführt haben,
dieses Buch im Alter ein Wegweiser sein!

...von wegen Hölle

Wenn Sie Gott nicht lieben können, dann hassen Sie Ihn wenigstens!

Wie bitte? Ich bin verrückt?

Nein! Gott ist verrückt! Verrückt, Sich so weit in unsere Hände zu begeben, Sich so von uns abhängig zu machen! Verrückt, unseren freien Willen zum Maßstab aller Dinge zu machen! Verrückt vor Liebe!

Wie bitte? Er ist Ihnen gleichgültig, aber Ihn zu hassen, das finden Sie nun doch etwas übertrieben?

Ja, den meisten Menschen ist Er nicht einmal soviel wert, daß sie Ihn hassen! Er ist ihnen egal, Er existiert einfach nicht für sie! Auch wenn sie mal in die Kirche gehen, auch wenn sie mal beten, auch wenn Er an bestimmten Festen noch gebraucht wird. Im Grunde ist Er ihnen gleichgültig!

Noch ein bißchen Angst dabei, ja? Vielleicht, man weiß ja nicht so genau, was Sache ist, ja? Manche Dinge tun ja auch nicht weh. Ab und zu Kirche und so. Das wird Ihm ja auch genügen. Ist ja schon ein alter Mann, und gütig soll Er auch sein.

Wissen Sie, was ein Kind tut, das nicht geliebt wird? Es stellt alles Mögliche an! Damit zieht es zwar den Zorn der Eltern auf sich, Zurechtweisung, Strafen, Schläge, aber es gelingt ihm immerhin, sich damit überhaupt Zuwendung zu verschaffen. Denn mit einem kann kein Kind leben, nicht beachtet zu werden!

Sie meinen, Gott ist ja kein Kind?

Gott ist das kindlichste Kind, das wir uns vorstellen können! Offen, ehrlich, vorbehaltlos in Seiner Liebe, nie nachtragend, und ein grenzenloses Vertrauen zu uns - wie hätte Er uns sonst mit einem freien Willen ausstatten können?

"Wenn ihr nicht werdet wie die Kinder..."! Jesus ist kein Sprücheklopfer! Er meint, was Er sagt! Wer in den Himmel will, muß sich Ihm angleichen, und das Kind, das seinen freien Willen noch nicht mißbraucht, entspricht in seinem Wesen am weitesten der Harmonie und dem Wesen Gottes.

Gott hat nicht nur Menschen erschaffen. Lange vor ihnen gab es schon Engel. Sie lassen sich zwar nicht beweisen, aber mit etwas Übung kann man sie fühlen. Nach allem, was wir wissen, haben die Engel keinen freien Willen! Sie leben aus dem Willen Gottes in ewiger Harmonie mit Ihm.

Traumhaft!

Warum also mußte es dann noch ein Wesen geben, das über einen freien Willen verfügt? Ausgerechnet der Gott, der alles erschaffen hat, dem alles untersteht, der alles unter Kontrolle hat, ausgerechnet Er gibt bewußt und freiwillig die Kontrolle über uns aus der Hand!

Das muß doch einen Grund haben! Und nicht irgendeinen! Nein! Es muß ein unheimlich wichtiger und tiefer Grund sein! Niemand erschafft sich aus purer Lust und Laune heraus etwas, das ihm ständig Ärger macht, es sei denn, es ist für ihn sehr wichtig, und er weiß - zumindest mit sehr großer Wahrscheinlichkeit - daß es ein gutes Ende gibt!

Der Mensch ist nicht erschaffen worden, um auf einer Wolke Halleluja singend Gott die Ewigkeit zu versüßen!

Sie lachen?

Nun, in etwas abgewandelter Form ist dieses Klischee eine der meist verbreiteten Vorstellungen vom Himmel!

"Herr, gib ihnen die ewige Ruhe", was ist das anderes, diese "ewige Ruhe"? Wir leben, wir sterben, wer "richtig" gelebt hat, kommt in den Himmel, und im Himmel, da haben wir ewig unsere Ruhe, eingebettet in göttliche Verzückung, die uns vor Langeweile bewahrt!

Dieses Geschenk erhält natürlich nicht jeder! Man muß es sich verdienen! Hier auf Erden! Nachher ist Schluß! Gottes Liebe reicht nur bis zum Tod! Nachher reicht sie nur noch für die Guten! Die Bösen haben Pech gehabt! Böse gewesen, Liebe aus, selber schuld!

Und das alles durch den Gott, der ja auch diese "bösen" Menschen erschaffen hat? Und zwar ohne sie zu fragen? Er hat in Seiner Allmacht und Allwissenheit Menschen erschaffen und mit einem freien Willen ausgestattet, obwohl Er gewußt hat, daß zumindest ein Teil die von Ihm gesetzte Hürde nicht nehmen wird? Und Er wird sie dafür ins ewige Feuer werfen, gnadenlos? Der liebe Gott?

Ein berühmter Kirchenlehrer ging mit seiner "Prädestinationslehre" noch einen Schritt weiter. Es sei von vornherein festgelegt, behauptet er, wer in den Himmel kommt und wer in die Hölle! Die, die für den Himmel bestimmt seien, bräuchten sich noch nicht einmal anzustrengen, Gottes Gnade würde sie von alleine tragen. Und die für die Hölle Bestimmten könnten sich auf den Kopf stellen, sie seien von vornherein chancenlos! Leider sind dies keine psychopathischen Hirngespinste. Es ist der Boden, auf dem viele heutige Gottesbilder basieren.

Selbst in diesem sarkastischen Stil fällt es mir noch schwer, diese Zeilen zu Papier zu bringen. Es tut weh, es tut so unheimlich weh! Gott, den ich über alles liebe, der für mich Inbegriff aller nur denkbaren und undenkbaren Liebe ist, der in Seiner Liebe auch vollendetste Menschen um Unendlichkeiten überragt, dieser Gott soll es fertigbringen, Seine Geschöpfe für alle Zeiten in der Hölle gnadenlos zu quälen?

Wohl gibt es Menschen, die sich nichts daraus machen, jemanden umzubringen, der ihnen im Wege steht, der in ihren Augen nichts taugt! Aber ihn ewig einzusperren, ihn genüßlich im ewigen Feuer zu braten, erbarmungslos zuzusehen, wie diese Menschen von unmenschlichen Qualen zerfressen werden und sich nie befreien können? Das bringt kein Mensch fertig! Sie gar von vornherein für die Hölle zu erschaffen? Mit Verlaub, das ist die größte Gotteslästerung, die man sich überhaupt vorstellen kann!

Versetzen Sie sich doch einmal an Gottes Stelle. Wie muß ein solches Gottesbild, ein solches in den Schmutz ziehen

Seiner Liebe Gott verletzen? Alle Flüche, aller Haß, der Gott ununterbrochen von Seinen Gegnern entgegenschlägt, verblassen dagegen!

Ich verstehe eines nicht: Wie kann man einen solchen Gott lieben? Von einem "lieben" Gott sprechen? Gehen Sie doch einfach von sich selber aus. Sie haben viele Kinder. Manche geraten recht gut, andere entfernen sich durch schlechte Einflüsse immer mehr von Ihnen. Sie lieben sie trotzdem und hoffen, daß sie eines Tages wieder zurückkommen. Und was machen Sie, wenn sie kommen? Sie nehmen sie mit offenen Armen auf! Immer! Oder setzen Sie ihnen ein Limit? Bis Fünfundzwanzig oder Dreißig darfst du noch zurückkommen, danach nicht mehr? Nicht einmal Sie würden das fertigbringen, und Ihre Liebe ist doch nicht mehr als nur ein dunkler Schatten der Liebe Gottes!

Gott!

Wer kennt Ihn nicht? Wer hat noch nie von Ihm gehört? Berge von Büchern und Schriften künden von Ihm. Kein Thema wird heißer und widersprüchlicher diskutiert. Er existiert in unzähligen Varianten. Jeder weiß alles, der andere nichts. Wir wissen, wer in den Himmel kommt und wer nicht und wieviele. Wir wissen, wie das Fegefeuer aussieht und wann der Nachbar zuletzt gelebt hat, wir kennen die Namen der Engel, sogar ihre Rangfolge. Aus der Anzahl unserer guten Werke und Gebete läßt sich das Stockwerk errechnen, das wir im Himmel bewohnen werden. Wir wissen, welche Gebete wirksamer sind als andere und wieviele arme Seelen

Gott - oder dem Teufel - damit abgerungen werden können. Wir wissen, wann die Welt erschaffen wurde und wann sie untergeht, wir wissen einfach alles, meist mehr als Gott selber und in der Regel schon lange vor Ihm. Die einen versuchen, Gott zu beweisen, die anderen, daß es Ihn nicht gibt, die einen haben Ihn gesehen, die anderen gehört, dem nächsten schreibt Er durch die Hand. Und den meisten ist eines gemeinsam: Gott menschelt! Er menschelt sogar sehr! Er denkt wie wir, reagiert wie wir, läßt mit Sich handeln wie ein orientalischer Teppichhändler. Ein menschlicher Gott. Wobei es dann nicht weiter verwunderlich ist, daß Er vielerorts zum unmenschlichen Gott geworden ist!

Gott ist kein Mensch, auch kein guter Mensch, auch kein Übermensch! Gott ist für uns in Seiner geistigen Dimension weder faßbar noch erfahrbar. Ein Fingerhut kann das Meer nicht fassen und nicht die Vase den Wald. So muß unser Gott Sein Dasein fristen in Schlagwörtern und Vergleichen. Er thront inmitten eines von Menschen geschaffenen, genau berechneten und kalkulierbar gemachten Systems, jeglicher Freiräume beraubt, Seine Liebe eingeschlossen!

Seine Liebe!

Ich will Gott nicht "beweisen"! Das kann ich nicht! Als Beweis gilt etwas, das ich mit den Sinnen des Körpers erfassen kann: Sehen, Hören, Schmecken, Riechen, Tasten (praktischer Beweis), oder das ich mit der Logik unseres Verstandes "schlüssig" darlegen kann (theoretischer Beweis).

Doch Gott ist Geist! Und das Geistige kann unser Körper - auch der Verstand gehört zum Körper - nicht erfassen. Es fehlt ihm der Sinn dafür. Das kann nur unsere Seele, unser "Gefühl", und das aus gutem Grund. Die Seele bzw. der Geist des Menschen läßt sich sogar beweisen. Doch das ist eine andere Sache. So soll diese Schrift niemanden zu Gott überreden, doch soll sie diejenigen, die an Gott glauben oder glauben möchten, zur Liebe überreden.

Denn Gott ist Liebe!

Keine menschliche Liebe, auch keine sehr vollkommene. Eine für uns in ihrer ganzen Tragweite unvorstellbare Liebe, absolut, ohne jede Einschränkung und für alle Ewigkeit. Eine Liebe, die größer ist als unser Denken und Fühlen, eine Liebe, die in keine unserer "Schubladen" paßt und die Gott doch für uns "kalkulierbar" macht. Und das läßt sich beweisen!

Wir finden in der Geschichte viele sehr verschiedene Gottesbilder. Da sind zum einen die Naturreligionen, für die Gott oft nur in unzähligen Dämonen existiert, mit deren Hilfe - durch Magie und Beschwörung - Macht über die Natur, über Krankheiten, über andere Menschen erlangt werden kann.

Da sind die sehr persönlichen, menschenähnlichen Götter der alten Griechen, hinterlistig, eifersüchtig und zerstritten, voller Intrigen und unberechenbar, beständig nur in einem: Kampf und Krieg um die Macht. Opfer und Rituale mußten sie gnädig stimmen.

Ähnlich die Götter der Römer, vielleicht nicht ganz so zerstritten. Auch die Ägypter taten sich nicht leichter mit ihren Göttern, zumal der Mensch nach ihrem Verständnis offenbar nur dazu erschaffen wurde, den Göttern Tempel zu bauen und Opfergaben darzubringen. Auch im Alten Testament wird man diesen Eindruck nicht los:

Ein "eifersüchtiger Gott", unmäßig in seinem Zorn, kalt berechnend in seiner "Liebe", ein strenger und mit allen Wassern gewaschener Herrscher! Auch ist im Alten Testament - wie in den persischen Religionen, Gott selbst Urheber des Guten und des Bösen. Satan erscheint erst zu einem sehr viel späteren Zeitpunkt, im gesamten Alten Testament wird er überhaupt nur fünfmal erwähnt, und das lediglich in den jüngeren Büchern.

Im Hinduismus treten Götter in vielen Wesenheiten auf, wobei Gott Schöpfer und Zerstörer in einer Person ist, wiederum ein sehr menschlicher Gott mit all seinen Schwächen. Er hilft dem Menschen auch nicht, dieser muß sich vielmehr durch eine Unzahl von Erdenleben "selbst erlösen".

Auch der Buddhismus ist eine "Selbsterlösungsreligion", wobei Gott im Buddhismus ein unbeschriebenes bzw. unbeschreibliches "Nichts" ist, in das der Mensch eingeht, wenn er nach einem mönchischen Leben die höchste Stufe erklommen hat. Helfen tun ihm dabei Meditation und Gebote, vor allem körperliche Askese, die seinen Willen stärken.

Diese Gebote, die fast ausnahmslos unseren Körper bzw. das körperliche Leben betreffen, ziehen sich wie ein roter

Faden durch alle Religionen. Jesus sagt deutlich, was Er davon hält:

"Ein Gebot gebe ich euch: Liebet einander, wie ich euch geliebt habe."

Jesus braucht noch nicht einmal die 10 Gebote, geschweige denn die vielen hundert des Judentums. Ihm reicht eines:

L i e b e

Und das ist das Einzigartige an "Seiner" Religion, das "Seine" Religion so himmelweit über alle Religionen hebt, aber auch so unendlich schwer macht. So schwer, daß schon Seine Jünger nicht damit zurechtkamen, geschweige denn die in Seine Nachfolge getretene Christenheit. Sie kamen nicht zurecht mit der grandiosen Freiheit, die uns Jesus geschenkt hat, diesem: "Liebe - und dann tu, was du willst", wie es ein Kirchenlehrer einmal formuliert hat. Die Menschen waren - und sind es noch? - für diese Freiheit nicht reif. Sie brauchten anscheinend engere, sichtbarere Grenzen. Ähnlich wie bei der antiautoritären Erziehung, die deshalb nicht funktioniert, weil Kinder zwar liebende, aber doch klare Grenzen brauchen. Und wir scheinen nach wie vor in den Kinderschuhen zu stekken, was das geistige Leben anbelangt. So wurden flugs Grenzen geschaffen und dem noch nicht flügge gewordenen Vogel so gründlich die Flügel gestutzt, daß es nur wenige schaffen, sich dieser Fesseln zu entledigen und sich unbeschwert in die Lüfte zu erheben.

Lesen Sie einmal das Evangelium Jesu Christi genau. Sie werden darin nicht ein einziges Gebot finden, nicht ein einziges außer der Liebe, keinen sonntäglichen Kirchgang - den Sabbat bricht Jesus eh oft genug, kein Fasten - auch hier gerät Er mit den Pharisäern aneinander, kein Beichten, keine Almosen, keine Dogmen, nichts, noch nicht einmal das Gebet wird von Jesus zur Vorschrift erhoben! Nichts, gar nichts schreibt Gott uns vor, um ins "Himmelreich" zu kommen, nur eines: Liebe, Liebe, Liebe!

Es gibt nichts anderes bei Jesus, und es wird nie etwas anderes geben! Denn diese Liebe schließt alles ein!

Und nun versetzen wir uns einmal in Gottes Lage:

Da schickt Er Jesus auf die Welt, nur um uns den Himmel zu öffnen. Seine Lehre, gewissermaßen die Wegbeschreibung, läßt Er dann viele Jahrzehnte später erst unter "Aufsicht" und "Eingabe" des Heiligen Geistes niederschreiben - und macht sie dann so kompliziert, daß ein ganzes Heer von Tausenden von Theologen zwanzig Jahrhunderte daran arbeiten muß, um sie uns zu erklären? Für wie dumm halten wir Gott eigentlich? Da kann doch etwas nicht stimmen!

Bereits die Juden-Christen lehnten die erste griechische Übersetzung ab, weil sie mit dem Hebräischen nicht übereinstimmte! Jeder nimmt sich das heraus, was ihm gefällt, läßt weg, was ihm unwichtig oder unrichtig erscheint, korrigiert, interpretiert, manipuliert! Als der Hl. Hieronymus vom damaligen Papst Damasus im 4. Jahrhundert den Auftrag erhielt, eine allgemeingültige Version der Schriften des

Neuen Testamentes zu erarbeiten, wurden ihm alle bis dahin bekannten Abschriften vorgelegt, ungefähr zweihundert. Daraufhin lehnte er den Auftrag zunächst mit der Begründung ab: "Wo soll ich Wahrheit finden, wenn das, was die Wahrheit sein soll, so voneinander abweicht?" Und er beklagte sich, daß die einen schlampig abgeschrieben, die anderen aus Unfähigkeit und die dritten aus Besserwisserei die Texte verändert haben. Schließlich übernahm er den Auftrag doch, und herauskam die "Vulgata", die bis heute gültige, meistverbreitete Bibelübersetzung, und nicht wenige werfen ihm vor, daß er dabei dieselben Methoden angewandt habe, die er bei seinen Vorgängern so heftig kritisierte. Sie weicht dann auch streckenweise erheblich von den erhaltengebliebenen Urschriften ab, in denen zum Beispiel Paulus ein völlig anderes Gesicht hat.

Meist ist es der Stolz, der uns verblendet, und der uns am weitesten in die Gottesferne treibt! Könnten wir doch wirklich demütig sein! Echte Demut hat nichts mit Kniebeugen zu tun oder "zerknirschtem" Gemüt. Echte Demut, das ist das kindliche Leben, das sich Jesus so dringend von uns gewünscht hat! Es ist der Mut, all das loszulassen, was uns vermeintlich Sicherheit und Stärke gibt, all unser Recherchieren, Kalkulieren, Manipulieren und das ganze Kartenhaus unserer Gottgefälligkeit! De-mut ist schlicht und einfach der Mut, unsere Kleinheit und Unwissenheit zuzugeben und uns in die Arme des Vaters fallenzulassen mit dem unendlichen Vertrauen eines Kindes, das ganz genau weiß, daß es sich auf seinen Vater blind verlassen kann, daß ihm bei seinem Vater nie etwas passieren kann, und daß ihm sein Vater alles Wichtige in einfachen und verständlichen Worten sagt. Jesu Worte müssen nämlich nicht "ausgelegt" werden, sondern "eingelegt", hineingelegt in unser Herz! Wir dürfen sie wörtlich nehmen, so wie Er sie gemeint hat, nicht Wort für Wort aus dem Zusammenhang gerissen, um dann den Sinn ins Gegenteil zu verkehren! Nein! In kindlicher Demut Jesu Heiligen Geist bitten, daß Er uns das rechte Verständnis Seiner Worte in unser Herz legt - sonst nichts!

Wir haben zwei Möglichkeiten:

Entweder wir glauben an einen Gott, der "endlich" ist, der Grenzen hat, so zum Beispiel in seiner Liebe! Jemand der irgendwann sagt: "So, jetzt ist Schluß", der hat Grenzen. Und jemand der sagt: "Du kommst jetzt in die Hölle und bleibst für alle Ewigkeit drin, ohne Chance, ohne Gnade", dessen Liebe hat Grenzen! Ich weiß nicht, ob Sie dies in seiner ganzen Tragweite verstehen können. Gott "endlich" zu machen, und sei es nur in irgendeiner seiner Eigenschaften, das ist ein so gewaltiger Schritt, daß es fast egal ist, was danach folgt. Der Unterschied zwischen einem "endlichen" Gott - auch wenn Sie ihn sich noch so lieb vorstellen - zu den Kriegsgöttern der Antike, ja selbst zu den Dämonen der Naturreligionen, ist unendlich viel kleiner als der zwischen einem "endlichen" und einem "unendlichen" Gott.

Das ist schwer zu verstehen. Doch das Problem lautet: Wie fest kann ich mich auf Gott verlassen? In dem Moment, wo

Gott irgendwo endlich ist, wo er irgendwo Grenzen hat, kann ich mich nicht mehr uneingeschränkt, "unendlich" auf ihn verlassen. Jemand der Grenzen hat, der kann seine Grenzen auch verschieben. Woher nehmen wir die Sicherheit zu sagen, wenn ich erst einmal im Himmel bin, dann herrscht ewig Glück und Freude, während ich hier auf der Erde stets bangen muß, daß ich nicht - und sei es auf Grund eines noch so großen Fehlers - in die Hölle komme! Und genau dieser Widerspruch ist es, den viele bewußt und viele unbewußt spüren. Es ist einer der Hauptgründe, warum wir Christen so viel Angst vor dem Tod haben! Unsere Medizin hat längst versagt, wo es um die Gesundheit geht, doch sie hat eines geschafft, den Tod immer weiter hinauszuzögern und damit getreu dem Satz: "Jedes Volk hat die Ärzte, die es verdient" genau das getan, was man von ihr erwartet: Stärker als der Wunsch nach Gesundheit ist immer noch die Angst vor dem Tod verwurzelt! Alles, nur ja nicht sterben!

Warum denn nur? Ist das, was danach kommt, wirklich so schlimm? Wie kommt es nur, daß manche Naturvölker beim Tod ein mehrtägiges Freudenfest veranstalten, um den Übertritt in die andere Welt, die wahre Geburt des Menschen, gebührend zu feiern? Wissen sie mehr als wir?

Diese Angst vor dem Tod ist der Stachel, der die Seifenblase unseres Gottesbildes platzen läßt, der offenkundig macht, daß wir eben doch Angst haben vor unserem "lieben" Gott und unsere Gebete und Glaubens-Bekenntnisse nur Lippenbekenntnisse sind. Unser Herz wird regiert von Angst und von Zweifel! Und das mit Recht! Denn wenn Gott irgendwo

Grenzen hat, wenn er irgendwo "endlich" ist - und so wird er heute in allen christlichen Religionen und Gemeinschaften gelehrt - dann kann ich mich nie mehr blind auf ihn verlassen, denn Grenzen können sich jederzeit verschieben. Oder woher will ich wissen, wenn er auf Erden eine solch gnadenlose Auslese durchführt, mit einem solch "höllischen" Ende, das sich der schlimmste Tyrann nicht hätte ausdenken können, woher will ich denn wissen, daß ihm nicht auch im Himmel plötzlich etwas Ähnliches einfällt?

Da ist das Götterbild der Antike ehrlicher! Die Menschen damals wußten, daß sie sich auf ihre Götter nicht verlassen konnten, daß sie sie stets durch Opfer bei guter Laune halten mußten. Kein großer Unterschied mehr!

Alle diese Götterbilder, die Gott "endlich" machen, haben eines gemeinsam: Ich muß stets in Angst leben, in Gottes-Furcht! Ich kann dann entweder demütig-kuschend mich in mein Schicksal ergeben und alle Gebote halten, um diesen Gott gnädig zu stimmen - oder verzweifeln! Wie Nietzsche zum Beispiel, gewissermaßen der "Vorzeige-Atheist" der Kirchen, die mit Fingern auf ihn zeigten, als er genau an dieser Frage verrückt geworden ist: "Wenn es Götter gibt, wie könnte ich es ertragen, keiner zu sein!" Sicherlich wurde ihm sein Stolz zum Verhängnis, aber zerbrochen ist er an dieser für ihn unlösbaren Ungerechtigkeit:

Auf der einen Seite Gott als allmächtiger Herrscher, auf der anderen der Mensch, ausgeliefert, ohnmächtig, nicht einmal gefragt, ob er überhaupt leben will! Seiner Gnade und Barmherzigkeit verfallen oder seinem Zorn? Ein Spielzeug nur in seinen Händen? Wieviele Nietzsches, Philosophen und "Freidenker" hat die Theologie auf dem Gewissen?

Sie werden vielleicht sagen, so schlimm ist es nicht! Nach allem, was wir wissen, reicht es für den Himmel aus, wenn wir ein einigermaßen ordentliches Leben führen, Kirche besuchen, Beichte und Bußfeiern, Almosen und Gebete, kein Mord, kein Diebstahl, keine Lügen.

Abgesehen davon, daß Sie es selbst nicht glauben, sonst hätten Sie nicht soviel Angst, wollen wir einmal annehmen, daß es stimmt:

Wie soll ich denn jemals glücklich sein können, wenn ich weiß, daß mein Nachbar, der kein solch "ordentliches" Leben führt wie ich, nicht in den Himmel kommt? Derjenige, der in den Slums geboren wurde, Vater Verbrecher, Mutter Hure, chancenlos? Derjenige, der in einem für uns nicht nachvollziehbaren Haßwahn Menschen umbringt, foltert? Verdammt? In die Hölle? Ewig? Chancenlos?

Ganz egal warum! Und wenn es der hartgesottenste Bösewicht ist, den man sich vorstellen kann, Gott hat ihn nicht gefragt, ob er leben will! Er muß sogar gewußt haben, als Allwissender, daß sein Leben im Bösen endet, zumindest hat Er es bewußt in Kauf genommen! Er hat uns den freien Willen gegeben, keiner von uns hat Ihn darum gebeten!

Viele irdische Herrscher quälen ihre Feinde, foltern sie manchmal wochen- und monatelang, doch auch die gefürchtetsten Tyrannen setzen der Folter einmal ein Ende! Außer Gott? Er quält seine Feinde ewig?

Kein Mensch würde so handeln! Und bei diesem Gott soll ich glücklich werden? Mit Verlaub, es gibt genügend Menschen, die hier auf der Erde Mißstände bekämpfen, die bei weitem weniger ungerecht sind, und diesen Einsatz oft genug mit ihrem Leben bezahlen, die aber gar nicht anders handeln können, weil ihr Ehrgefühl es nicht zuläßt. Und das sind Menschen! Wie könnte ich einen solchen Gott anbeten, der in Punkto Liebe und Ehrgefühl noch nicht einmal den Menschen das Wasser reichen kann? Eher müßte ich ihn bis aufs Blut bekämpfen! Und ich wäre sicherlich nicht allein!

Ja, und so sieht dann die eine Möglichkeit aus: kuschen, Gebote befolgen, Opfer bringen, hoffen, Augen zu, Ohren zu, sich nicht an den Qualen der "Verdammten" stören.

Oder?

An diesem Gott verzweifeln.

Oder?

Ihn bekämpfen, selbst mit dem Risiko, von ihm vernichtet zu werden, als lebendiges Zeugnis seiner "Liebe"!

Auch ich hätte Angst vor dem Tod, wäre ich nicht hundertprozentig sicher, daß Gott anders ist, unendlich viel anders. Jesus sagt es uns:

Gott ist Liebe!

Das häufigste Wort im Evangelium ist Liebe! Auch auf die Gefahr hin, daß ich mich wiederhole: Ich kenne genügend

Menschen, die eine so große Liebe haben, daß alle in ihrem Herzen Platz finden, auch die größten Verbrecher! Niemals würden sie jemandem eine Grenze setzen, niemals jemanden aus ihrer Liebe ausschließen, auch wenn er sie noch so oft enttäuscht! Und jederzeit wären sie bereit, auch das kleinste Versöhnungsangebot anzunehmen, stets bereit für eine neue Chance! Stets! Ihr ganzes Leben lang! Und das sind Menschen! In ihrer Liebe nur ein Schatten der Liebe Gottes, die wirklich unendlich ist! Unendlich heißt ohne Ende und auch ohne Grenzen! Sie macht auch vor der Hölle nicht halt! Gerade vor der Hölle nicht! Was ist denn die Hölle?

Hölle ist Gottesferne!

Jemand, der sich von Gott so weit entfernt, daß ihn Sein Licht nicht mehr erreicht, der ist in der Hölle! Und das kann Gott freilich nicht verhindern! Er hat uns einen freien Willen gegeben und Sich damit ein Stück Seiner Allmächtigkeit selbst beschnitten! Zwar überspannt Seine Allmacht im großen Bogen trotzdem alles. Er hat ja auch zumindest die theoretische Möglichkeit, uns unseren freien Willen wieder zu nehmen. Insofern bleibt Er weiterhin allmächtig! Aber innerhalb unseres freien Willens ist Er nicht mehr allmächtig! Ich kann mich Ihm verweigern, kann bewußt gegen Ihn handeln, Seinen Willen in mir verunmöglichen, Ihm - wenn es sein muß ewig - trotzen, solange Er mir meinen freien Willen läßt! Er kann uns nicht zwingen, Seinen Willen zu tun, ohne uns unseren freien Willen zu nehmen! Und aus irgendeinem Grund scheint Ihm dieser freie Wille heilig zu sein. Und das bedeutet, daß Er es nicht verhindern kann, daß sich jemand von Ihm abwendet, also "Richtung Hölle" marschiert! Auch wenn Er darüber unendlich traurig ist! Doch nie, nie, nie wirft Er jemanden in die Hölle oder läßt ihn nicht mehr heraus! Dies zu behaupten ist die größte Gotteslästerung, die es überhaupt gibt.

Warum nehmen wir Jesus nicht beim Wort? Sein Gleichnis vom verlorenen Sohn sagt doch nichts anderes! Der verlorene Sohn, das ist der, der in der Hölle ist! Und der Vater beeinflußt ihn nicht, kann ihn nicht beeinflussen, doch als der Sohn seine Lage erkennt und zurückkommt, nimmt ihn der Vater mit offenen Armen auf, und es sieht sogar aus, als ziehe Er ihn noch dem vor, der immer bei Ihm war! Großartiger kann man es doch gar nicht mehr ausdrücken! Und wenn die Theologie in der Auslegung dieses Gleichnisses meint, es handle sich hierbei um den reuigen Sünder, der noch zu Lebzeiten seine Sünden bereut und wieder zu Gott findet, dann ist das eine geradezu geniale Fehldeutung! Jesus ist doch kein weltfremder Träumer! Er weiß doch genauso gut wie Sie und ich, daß es den "Gottlosen" auf dieser Welt nicht schlechter geht als den "Gottesfürchtigen"! Ganz im Gegenteil! Macht und Geld und das, was man üblicherweise als Glück versteht, scheinen heute wie gestern fest in den Händen derer zu sein, die mit Gott nicht allzuviel anzufangen wissen. Keiner von ihnen ist "elend" dran, und nur dieses "Elend" ist es ja, was den Sohn im Gleichnis zur Umkehr zwingt!

Dieses Gleichnis ist geistig zu verstehen?

Selbstverständlich!

Doch wer von denen, die hier in der Gottesferne leben, spürt diese geistige Leere in sich, außer Gott läßt in ihrem Leben irgendetwas geschehen, meist einen schweren "Schicksalsschlag", der sie zur Umkehr zwingt? Und genau das tut Er ja im Gleichnis nicht! Der Sohn kommt von allein in diese Lage und allein wieder zurück, als er nackt und hungrig bei den Schweinen landet! Und diesen Zustand kann der Mensch ohne Gottes Zutun erst nach seinem Tod erkennen, wenn er ohne seine materiellen Güter dasteht, ohne Geld und Macht, nur umgeben von den Früchten seines Geistes: nackt, frierend, hungrig, ein "Schweineleben". (Das Schwein gilt im Judentum als unreines, verachtenswertes Tier). Solange er sich darin gefällt, kann ihn Gott nicht daran hindern! So weh es Ihm auch tut, Er muß ihn in seiner selbst geschaffenen Hölle lassen. Doch steht Gott immer mit ausgebreiteten Armen für ihn da! Und in dem Moment, wo dieser seine Verkehrtheit, seine Gottesferne erkennt, muß er Ihm "nur noch" entgegenlaufen.

Selbstverständlich ist die Hölle ewig, "wo ihr Wurm nicht stirbt und das Feuer nicht erlischt". Gott hat uns einen freien Willen gegeben. Dieser freie Wille birgt immer auch die Möglichkeit der Abkehr von Gott in sich! Ewig! Doch kann der freie Wille gefestigt werden, und genau darin liegt ja der Sinn des Lebens und unseres ganzen Weges zurück zu Gott! Der Mensch kommt doch von Ihm! Er hat sich abgekehrt von Ihm - die Kirchen nennen es "Erbsünde" - und befindet sich nun auf dem Rückweg zu Gott! (Dies wird Gegenstand einer weiteren Betrachtung sein mit dem Titel "...von wegen Sterben", um aufzuzeigen, welch kleines, aber wichtiges Stück dieses Leben auf unserem Rückweg zu Gott darstellt.) Und dieser ganze Weg hat nur den einen Sinn, unseren freien Willen so zu zähmen und zu festigen, daß er eins wird mit dem Willen Gottes. Dann werden wir eingesehen haben, daß Gottes Wille immer richtig ist und gut, und dann werden wir bereit sein, uns - aus unserem freien Willen heraus - bewußt in Seinen Willen zu legen.

Und nichts anderes ist der Himmel:

Stets Gottes Willen in uns zu spüren und stets Gottes Willen zu tun, aus Überzeugung, aus Liebe, aus voller Freude!

Und die Hölle ist nichts anderes als das Gegenteil davon! Wie hätte Gott wohl das Gegenteil von Sich erschaffen sollen? Und so spricht auch Jesus nie davon, daß jemand ewig in der Hölle bleiben muß, weil Gott ihm die Türe zugesperrt hat! Wohl spricht Er vom "nie verlöschenden Feuer"! Doch das ist etwas völlig anderes. Feuer ist doch nicht primär negativ! Im Gegenteil! In der griechischen Mythologie hat Prometheus den Göttern das Feuer gestohlen und es verbotenerweise den Menschen gebracht und ist für diesen Frevel fürchterlich bestraft worden! Was wären wir ohne das Feuer? Ohne seine Wärme, ohne sein Licht?

In diesem Fall geht es um die reinigende Kraft des Feuers! Gold wird durch die Kraft des Feuers aus dem Erz geschmolzen, in der Destillation trennt es das Wasser von den Giften, und das Schwert wird nur im Feuer gehärtet!

Und genau das ist die Hölle!

Ein "Feuerofen", in dem das Böse verbrennt! Daß dieser Prozeß weder schnell noch schmerzlos vor sich geht, versteht sich von selbst! Das kann er auch gar nicht! Der Schmerz ist oft das Einzige, das uns die Augen öffnet und zur Umkehr zwingt. So kann Jesus auch zu Recht sagen: "Dort werden sie heulen und mit den Zähnen knirschen!" Auch der verlorene Sohn "heult" und "knirscht" und wird erst durch den Schmerz seines hungrigen Magens zur Einsicht gebracht. Nur ein "Ver-rückter" wird auf die Idee kommen zu sagen, der Hunger ist die Strafe des Vaters! Doch genau das tun wir, wenn wir die Hölle zur Strafe Gottes erklären! Schon der Gedanke daran läßt mich erschaudern!

Schauen wir uns einmal folgenden Vergleich an:

Der Körper hat seine Ordnung. Wird diese irgendwo verletzt, reagiert er mit Schmerz. Doch ist dieser Schmerz keine Strafe, sondern das Gegenteil davon, nämlich Schutz! Der verbrannte Finger läßt mich die Hand zurückziehen, der Hunger zwingt mich zum Essen, und der verletzte Fuß erzwingt sich durch den Schmerz die Ruhe, die er zur Heilung braucht. Das ist die in Jahrtausenden bewährte göttliche Ordnung. Jedes Tier hält sich daran und fährt damit hervorragend. Doch der Mensch hat einen freien Willen und gebraucht ihn leider nur allzuoft gegen die natürliche gottgegebene Ordnung. Er kann den Schmerz ignorieren, bis er unerträglich wird, er kann dem Körper die Heilung verunmöglichen! Er hat die Freiheit, sich so verkehrt zu ernähren, bis Galle, Gicht und Rheuma ihm das

Leben zur Hölle machen und soviel Gift zu produzieren, bis ihm keine Luft mehr zum Atmen bleibt und alle möglichen Krankheiten ihn innerlich zerfressen.

Das ist doch keine Strafe Gottes! Das ist nur zwangsläufige Folge eines Verstoßes gegen die Ordnung, und all die Schmerzen und Krankheiten, die daraus resultieren, haben nur den einen Sinn, uns zum Umkehren zu bewegen!

Ich kann doch dem Baum keinen Vorwurf machen, daß er den Ast fallenläßt, den ich mir selbst abgesägt habe!

Seien wir doch ehrlich:

Der Schmerz, das ist die Liebe Gottes. Er kann uns vor Schaden bewahren, wenn wir darauf hören, wenn nicht, bringt er uns irgendwann zum Umdenken! Und wenn dies hier und jetzt nicht geschieht, dann eben in dem "nie verlöschenden Feuer" der Hölle. Wie soll Gott jemand anders zur Einsicht bringen, der hier nur mordet, foltert, haßt, als daß Er ihn "durch die Hölle" gehen läßt? Ist das nicht in Wirklichkeit Ausdruck Seiner Liebe? Gottes Liebe ist anders als das, was wir gemeinhin unter Liebe verstehen. Gottes Liebe macht Ihn nicht blind. Er kennt auch keine "Affenliebe", mit der manche ihre Kinder verhätscheln und oft genug das Gegenteil erreichen. Wir sind in unserer Liebe viel zu emotional und wollen meist auch möglichst viel Liebe zurückerhalten, sonst ist es oft genug mit unserer Liebe schnell vorbei.

Gottes Liebe ist anders. Sie ist nicht emotional, und sie behält immer das Ziel im Auge.

Gott hat uns nicht aus Lust und Laune erschaffen. Es gibt nur zwei Möglichkeiten:

Entweder wir sind wirklich nur sein Spielzeug, und all unser Leid und Elend sind nur ein Betriebsunfall oder gar ihm völlig gleichgültig - die Besten dürfen ihm dann in der Ewigkeit die Zeit vertreiben, der Rest wird, weil unbrauchbar, vernichtet - dann vergessen Sie alles! Fürchten Sie sich vor ihm, kuschen und knirschen Sie vor ihm, vielleicht haben Sie Glück!

Oder Gott hat in Seiner Liebe und trotz Seiner Liebe ganz bewußt unser Leid und Elend in Kauf genommen, weil Er uns braucht, weil Er mit uns ein so großartiges und so wichtiges Ziel verfolgt, daß wir es uns nicht vorstellen können! Und Sie dürfen ganz sicher sein, daß dieses zweite zutrifft. Und Sie dürfen auch sicher sein, daß Er mit uns mitleidet! Daß alles, was uns bedrückt, auch Ihn bedrückt! Er lebt doch in uns! Wir sind Seine Arme und Beine, Er unser höchstes Bewußtsein. Und wenn das Bein weh tut, dann leidet der ganze Körper darunter! Es gibt genügend Menschen, die diese Zerrissenheit Gottes spüren können und oft schwer darunter leiden! Warum sagt Jesus, daß sich "die Engel über einen reuigen Sünder mehr freuen als über hundert Gerechte"? Weil dann nämlich eine Wunde Gottes wieder verheilt ist! Weil Seine Liebe, die die ganze Zeit unbeirrt die Verbindung gehalten hat, Ihm wieder einen Teil von Ihm zurückgebracht hat!

Woraus hat uns Gott denn erschaffen? Das ist eine der Fragen, wo die Theologie gleich mehrere Glimmzüge auf einmal macht, um zu beweisen, daß das Wesen des Menschen mit Gottes Wesen nichts zu tun hat! Warum eigentlich? Gottes Größe wird dadurch nicht geschmälert, im Gegenteil! Wieviel mehr Mut und Liebe gehört dazu, etwas von sich wegzugeben, es in "fremde" Hände zu legen? Und wieviel mehr Verantwortung würde es für uns bedeuten, wenn wir uns bewußt wären, daß wir nicht bloß "Staub" und "Dreck" sind, sondern daß wirklich und wahrhaftig der Geist Gottes in uns lebendig ist. Nicht als bloßes Schlagwort, als theologische Suppenwürze, die stets dann eiligst verwässert wird, sobald jemand Geschmack daran findet und es wörtlich zu nehmen beginnt, sondern echt und tatsächlich und mit allen Konsequenzen für Ihn und für uns:

Er lebt in uns

Gott ist unendlich und war es schon immer! Unendlich heißt aber, daß es nichts gibt, was nicht Gott ist. Gebe es etwas anderes, dann hätte Sein Wesen dort ein Ende! Das Haus hat ein Ende, wo der Garten anfängt, das Meer, wo das Land beginnt! Die Erde, die Sonne, alles hat ein Ende, und wenn das Wesen Gottes den Menschen nicht einschließt, dann hat Er hier ein Ende! Aber Er hat keines!

In der Bibel steht dann auch: "Da bildete Gott, der Herr, den Menschen aus dem Staub der Ackerscholle und blies in seine Nase den Odem des Lebens, so ward der Mensch ein lebendiges Wesen." Schöner kann man es kaum ausdrücken.

Unser Körper, den wir oft so wichtig nehmen, er ist Staub! Was uns lebendig macht, was in unserem Körper lebt, das ist Gottes Odem! Und genau das ist es! Seinen Odem hat er uns gegeben! Sein Odem, das ist auch nach theologischem Verständnis Seine Lebenskraft! Und die gibt es nicht umsonst! Auch für Gott nicht! Und auch wenn Gott - wie alles andere auch - Lebenskraft im Überfluß hat, dann ist Er doch mit diesem Teil Seiner Lebenskraft in uns eingegangen. Er ist unser Leben!

Sind wir uns dessen wirklich bewußt? Ganz bewußt? Gott gibt einen Teil von Sich weg, und das auch noch an jemanden, der mit seinem freien Willen machen kann, was er will! Der Gott, wenn es sein muß, ewig trotzen kann - in seiner selbstgeschaffenen Hölle! Aber Gottes "Odem" mit ihm! Wieviel Liebe gehört dazu, mit jemandem in die "Hölle" zu gehen und alle Bosheiten, alles mitzuleiden, ganz von ihm, von seinem freien Willen abhängig? Auch wenn es nur einer von unendlich vielen "Gottesfunken" ist, ein kleiner Teil nur, so glaube ich nicht, daß Gottes Wesen teilbar ist. Er lebt in jedem von uns ganz! Er freut sich ganz - oder leidet ganz! Eine Mutter, die 5 Kinder hat, ist sie weniger traurig über ein mißratenes Kind, etwa nur ein Fünftel so traurig wie eine Mutter, die nur dieses eine Kind hat? Können wir ermessen, was das für Gott bedeutet? Wieviele Tränen dies Gott kostet? Warum weint die Gottesmutter immer wieder bei ihren Erscheinungen? Gottes "Odem", Seine Lebenskraft, getrennt von Ihm durch den freien Willen eines Menschen? In der Hölle?

Und diese Hölle ist überall, wo sich ein Mensch völlig von Gott abwendet. Nicht nur "drüben"! Die Hölle existiert genauso hier auf Erden! Wenn sich Gott so in unsere Hände begibt, was für ein großartiges Ziel muß Er dann mit uns verfolgen? Das tut jemand nur, wenn es sehr wichtig ist für ihn. Er braucht uns, es sind Erfahrungen, Veränderungen, Wirkungen, ich weiß nicht, wie ich es nennen soll, die Er ohne uns nicht erreichen könnte! Sind wir uns eigentlich dieser grandiosen Verantwortung auch nur zu einem kleinen Teil bewußt? Gott als Kind in der Krippe, im Stall, im Dreck der Menschen, das war nicht einmal in Bethlehem, das ist jeden Tag überall auf der Welt!

Gottes Liebe, das ist nicht ein kurzes Aufflammen während unseres Erdenlebens mit anschließender Bilanz und Prüfung, ob eine Verlängerung in Frage kommt! Gottes Liebe, das ist Sein Wesen! Und das kann Er gar nicht verteilen, wie Er will! Wenn ich groß bin, dann kann ich meine Größe nicht verteilen, wie ich will, ich bin immer groß. So ist es auch mit Gottes Liebe! Er ist die Liebe! Und die ist Er immer!

Gott ist auch nicht allmächtig! Gott kann Seine Liebe nämlich niemandem entziehen! Das geht nicht! Dann ist Er keine Liebe mehr! Gott kann nicht gegen Sich selbst handeln. Oh würden wir doch in unserem Verhältnis zu Gott hier bei Seiner Liebe ansetzen, bei dem einzig Wahren, das immer und ewig sein wird, und nicht bei unseren selbstgemachten, unserer Angst entsprungenen Gottesbildern!

Unsere Sünden zu bereuen, das ist etwas ungeheuer Wichtiges, wenn wir uns der Verantwortung bewußt sind, Gottes

Odem, ein Teil von Ihm, in uns zu tragen und kein Spielzeug, sondern etwas sehr, sehr Wichtiges für Ihn zu sein. Dann muß uns alles leid tun, muß uns jeder Schritt weh tun, der uns von Ihm weg, statt zu Ihm hinführt. Und wenn wir dann gelernt haben, intensiv mit Ihm zu leben und zu gehen, dann tut uns nicht nur jeder Fehltritt, sondern bereits auch jeder unterlassene Schritt weh. Ja, mit der Zeit schon, wenn wir langsam gehen, anstelle so schnell wie möglich! Sie sehen leicht daran, wie relativ "Schuld" ist. Was bei einem, der in der Gottesferne steht, ein Mord ist, das ist für den anderen bereits ein nicht getanes Werk der Liebe, ein nicht gesagtes Wort der Liebe, ja, ein nicht gedachter Gedanke der Liebe! Unser System von Schuld und Sühne tritt allemal zu kurz, wenn Gott im Spiel ist.

Es ist unheimlich wichtig, sich unserer Verfehlungen und Versäumnisse bewußt zu werden! Aber doch um Gottes Willen nicht, um nicht in die Hölle geworfen zu werden! Niemand kommt in den Himmel auf Grund seiner Reue! Wie denn auch! Gott ist doch gerecht, das heißt, Er macht alles "richtig"! Das Wort "Richter" ist bei uns zu einem zunehmend negativen Begriff geworden. Es gibt ja auch so viele ungerechte und falsche Richter! In Wirklichkeit bedeutet Richter: der Richtigmacher! Und genau das ist Gott! Derjenige, der alles richtig macht! Denn das gehört auch zu einer echten Liebe: Nicht den anderen umgarnen, beschenken, verwöhnen, und was weiß ich noch, sondern alles "richtig machen". Gott will auch nicht, daß wir in Sack und Asche gehen, total am Boden zerstört vor lauter Reue! Das kann Liebe doch niemals wollen! Oder möchten Sie, daß Ihr

Freund, wenn er etwas falsch gemacht, Ihnen weh getan hat, auf dem Bauch gekrochen kommt? Es genügt doch, wenn er sagt, tut mir leid, ich versuch's besser zu machen! Genau das will Gott auch von uns! Unsere Fehler erkennen und sagen: tut mir leid, ich mach's besser! Und dann ist Gott genauso glücklich wie Sie über das Versöhnungsangebot Ihres Freundes. Gott weiß doch selber, wie schwer es für uns ist. Er kennt unseren Weg und die Schwierigkeiten doch noch viel besser als wir! Er hat uns doch erschaffen, uns auf diesen Weg gestellt!

Reue ist nichts anderes als die Erkenntnis, auf dem falschen Weg zu gehen, den Kopf zu drehen und sich nach der richtigen Richtung umzuschauen oder noch viel besser: sie sich von Ihm zeigen zu lassen. (Wie dies geht, ist genau beschrieben in unserem Meditationsbuch: ***Jesus Christus ist unsere Mitte****)*

So kann uns Reue immer wieder auf den rechten Weg zurückbringen, aber nicht in den Himmel! Jemand, der in Bosheit und Laster verstrickt ist und plötzlich erkennt, was er eigentlich tut, und die Sehnsucht spürt und "bereut", er kann nicht - auch mit der ganzen Liebe Gottes nicht - sofort in den Himmel versetzt werden! Sein momentaner Zustand könnte den Himmel gar nicht aushalten. Es ist wie mit der Sonne. Schauen Sie sie an! Sie können nicht? Sie müssen die Augen zukneifen? Nun, die Ewigkeit ist dazu da zu lernen, die wahre Sonne aushalten zu können! Und schon dieses Lernen muß unendlich schön sein nach alldem, was wir von den Engeln wissen! Was würde denn passieren, wenn Gott

Sie in Seiner "Gnade und Barmherzigkeit" zur Sonne hochholen würde? Richtig! Sie würden auf der Stelle verbrennen! So mag zwar oft unsere Liebe sein, aber nicht Gottes Liebe! Würde Er jemanden nach einem so recht und schlecht gelebten Leben, nur weil er vor seinem Tod bereut (oder gebeichtet) hat, zu Sich in den Himmel holen - die hohe, reine Schwingung des Himmels würde ihn vernichten, er könnte Seinen Anblick nicht ertragen! Das würde nur dann gehen, wenn Gott uns in diesem Moment völlig "umerschaffen" würde, das hieße aber, uns unseren freien Willen nehmen! Doch der ist Ihm offensichtlich heilig, sonst hätte Er Sich nicht den ganzen Zirkus mit uns aufgeladen! Und dieser freie Wille kann auch nach dem Tod nicht aufhören, wie es gerne als Erklärung für die gängigen Himmel und Hölle-Lehren angeführt wird. Es gäbe keinen Sinn! Es würde jedem Verständnis von Liebe widersprechen! Die Erde als Bewährungsprobe für Leben - oder Leiden in Ewigkeit, das wäre wirklich nichts anderes als ein übles Gesellschaftsspiel eines neurotischen Tyrannen. Gott kann Seine Liebe nicht eingrenzen oder aufteilen oder scheibchenweise ausgeben! Es verfängt auch nicht zu sagen, das übersteigt unseren Verstand, das müssen wir einfach glauben!

Nein!

Gottes Wesen übersteigt unseren Verstand! Weit sogar! Ihn erfassen zu wollen ist, wie das Meer mit einem Löffel ausschöpfen! Auch Seine Wege, Sein Ziel, Seine Absichten mögen für uns unergründlich sein! Aber nicht Seine Schöpfung! Er hat uns mit einem Gefühl ausgestattet, das

Ihn erfassen kann, genauso wie unser Verstand in der Lage ist, "logisch" zu denken, das heißt, daß das, was uns betrifft, was mit uns geschieht, von unserem Verstand erfaßbar ist, sofern er nicht im Stolz verblendet sich selbst in die Irre führt! Gott gibt uns "keine Schlange anstelle von Fisch, und auch keinen Skorpion". Auch darauf bezieht sich dieses Wort Jesu! Was wäre das für eine Liebe, die uns (absichtlich) einen Verstand gibt, der uns in die Irre führt? Sie geben doch Ihrem Lehrling auch das Handwerkszeug, das er benötigt und nicht eine Säge zum Backen oder ein Küchenmesser zum Holzhobeln! Was haben wir nur für Vorstellungen von Gott! Wir dürfen doch annehmen, daß alles, was für uns im Umgang mit anderen selbstverständlich ist, für Gott tausendmal selbstverständlich ist! Seine Liebe ist doch nicht kleiner als unsere!

Und genauso steht fest, daß alles, was für uns gilt, alle Gesetze, die Gott je erlassen hat, zuallererst auch für Ihn gelten. Gott ist kein weltlicher Herrscher, dessen Leben nur aus Ausnahmen besteht. Diese Vorbilder vor Augen haben ja nur zu den vielen verkehrten Gottesbildern geführt! Alles gilt auch für Gott! Das macht Ihn für uns ja auch so berechenbar. Er wird nie eine Ausnahme machen! In alle Ewigkeit können wir uns blind auf Ihn verlassen! Von wem können Sie das sonst sagen? Ich liebe Ihn! Ich liebe Ihn unendlich dafür, daß Er mir diese Sicherheit gibt, daß ich mich immer, immer, egal was passiert, voll auf Ihn verlassen kann! Niemals wird Er Seine Gesetze übertreten! Nie! Wie könnte ich mit Ihm gehen, mich vorbehaltlos in Seinen Willen legen, wenn ich in ständiger Angst leben müßte, daß Er mich irgendwann doch einmal hintergeht, übervorteilt oder anders handelt, als Er es in Seinen Gesetzen von Ewigkeit her festgelegt hat. Bitte versuchen Sie sich in diese Liebe einzufühlen - es ist eine Liebe, die Sie nie enttäuschen wird! Gibt es etwas Schöneres?

Wir werden noch einen weiten Weg zu gehen haben, bevor wir Ihn erreichen werden, bis wir Seine Liebe voll und ganz ertragen können. Doch schon der Weg zu Ihm ist schön. Denn Er geht ihn ja mit. Wenn wir einmal aufhören, Angst zu haben, dann kann Sein Glück und Seine Freude in uns einströmen, und dann können wir Ihn spüren! Jetzt schon, und "drüben" allemal. Dann ist es wirklich möglich, schon hier auf Erden glücklich zu sein und von einer tiefen inneren Freude getragen zu werden, auch wenn die äußeren Umstände dagegen sprechen.

Viele Menschen haben dies bewiesen. Wenn ich nur an Pater Kentenich denke und an andere menschliche Engel, die beispielsweise freiwillig ins KZ gingen, um dort mitten im Haß eine Oase des Friedens und ein kleines Glück zu verbreiten. Glück kann nur der geben, der es in sich trägt, oder wie Bo Yin Ra es ausdrückt, daß "man Glück nur dann vererben kann, wenn man sich selber Glück zu schaffen wußte."

Unter den Händen solcher Menschen nimmt der "Himmel auf Erden" Gestalt an. Und dieses zufriedene Glück ist es, das uns "drüben" alle erwartet, auch wenn wir sicherlich nicht die "ewige Ruhe" haben werden. Doch es wird schön werden, allemal schöner als hier, und nur die Ungewißheit ist es, die heimliche Angst, die uns den Tod so bedrohlich erscheinen läßt. Doch keiner, wirklich keiner braucht auch nur ein Fünkchen Angst zu haben. Es geht keiner "ewig verloren", außer vielleicht derjenige, der sich aus eigenem freien Willen heraus entschlossen hat, sich Gott ewig zu widersetzen! Ich bin sicher, daß Gott alles tut, um auch ihn zum Umdenken zu bewegen. Und ich bin sicher, daß Er hierfür Wege und Mittel hat, die wir hier noch nicht einmal erahnen können. Daß dies nur ein schmerzhafter Prozeß sein kann, ist klar. Wenn Gott Liebe ist und Licht und Wärme, Ordnung, Gerechtigkeit und Güte, dann kann die Gottesferne ja nur aus dem Gegenteil bestehen: Haß, Dunkel und Kälte, Chaos, Ungerechtigkeit und Hinterlist. Ich stelle mir diese "Hölle" wirklich schlimm vor. Und doch ist sie in Wirklichkeit nur Ausdruck der Liebe Gottes, weil sie es auch dem "Schlechtesten" noch ermöglichen kann, wieder den Rückweg zu Gott zu finden. Und gerade deswegen tut es mir so weh, daß so viele tiefgläubige Christen es Gott zutrauen, diese Hölle als Strafe erschaffen zu haben, wo die Wahrheit doch so einfach ist:

Gehe ich vom Licht weg, dann wird es dunkel, gehe ich vom Ofen weg, dann wird es kalt! Blöder Ofen, oder?

Ich hoffe, daß viele auf ihrem Irrweg nicht bis in die "Hölle" müssen, bis sie ihren Irrtum erkennen und den Rückweg antreten können. Schon das Verlassen der Ordnung Gottes bedeutet ja Schmerz, je weiter, je mehr! Und Gott hat dies gewußt, als Er Seine Schöpfung hervor-

brachte. Der Schmerz ist das Gummiband, das alle "Abtrünnigen" mit Gott verbindet. Je weiter sie sich entfernen, desto stärker wird der Schmerz. Und so wie das Gummiband, je mehr es gespannt wird, einen umso stärkeren Zug ausübt, so wird auch der Leidensdruck immer größer, bis irgendwann der Schmerz übermächtig wird, den Starrsinn bricht und den Rückweg zu Gott ebnet, den Weg zurück in Seine Liebe, in Sein Glück, in Seinen Überfluß. Was ist das anderes als echte Liebe? Und vielleicht ist dieses zweite Bei-Gott-Sein dann ein viel gefestigteres, viel intensiveres, viel bewußteres als das erstemal! Wer weiß? Berge zumindest wird nur der wirklich schätzen, der auch die Täler kennt!

Um es noch einmal ganz deutlich zu sagen: In der "Hölle" bleiben nur die, die vollbewußt und vollabsichtlich darinbleiben wollen, weil sie Gott hassen und Sein Gegner sein wollen! Hier nun versagt mein Verstand und meine Vorstellung. Ich hoffe, daß für sie alle irgendwann einmal der Leidensdruck zu stark wird, so daß Gott sie wieder anziehen kann. Die Hoffnung dazu gibt mir das Gleichnis vom verlorenen Sohn, und ich hoffe so sehr, daß Gott Mittel und Wege findet, auch den schlimmsten Teufel, selbst Satan selber irgendwann einmal zur Umkehr bewegen zu können! Auch Satan ist Sein Sohn!

Was Gott jedoch tut, wenn alles nichts nützt, wenn es einer wirklich "ewig" in der "Hölle" aushält, wenn der verlorene Sohn nicht zurückkommt, ich weiß es nicht, ich lege es aber gerne in Seine Liebe und weiß, daß auch die Lösung, die Er dafür bereithält, "gerecht" sein wird.

Eine Seherin übermittelte einmal folgende Worte Jesu:

"Was soll Ich denn mit denen anfangen, die nur aus Angst an Mich glauben?"

Ja! Was soll Er mit ihnen anfangen? Können Sie Sich noch an den ersten Satz erinnern, wo Sie so entsetzt waren: "Wenn Sie Gott nicht lieben können, dann hassen Sie Ihn wenigstens!" Dann hat Er die Chance, Sie zur Umkehr zu bewegen, Ihren Eifer für Sich zu nutzen, so wie Er aus dem glühenden Christenhasser Saulus den glühenden Gotteseiferer Paulus gemacht hat! Auch Johannes sagt doch nichts anderes: "Oh wärst du doch heiß oder kalt! Aber da du lau bist, werde ich dich ausspucken aus meinem Mund!"

Was soll Gott mit den "Lauen" anfangen? Was muß Er tun, um in ihnen das Feuer zu wecken? Gleichgültigkeit ist dasselbe wie ein Glaube aus Angst, das Schlimmste, was Sie Gott antun können! Lassen Sie Ihn nicht hängen! Reden Sie mit Ihm, freuen Sie sich mit Ihm, sagen Sie Ihm tausendmal am Tag, daß Sie Ihn lieben! Es wird nicht lange dauern, und ein tiefer innerer Friede wird Sein Dank sein dafür. Nicht, daß Sie dann nichts mehr tun müßten! Im Gegenteil! Doch alles erscheint in einem anderen Licht, vieles fällt leichter, vieles wird einfacher, vieles unwichtig, was vorher unser Denken beherrscht hat.

Jesus selbst hat uns die "Schlüssel des Himmelreiches" gegeben:

"Was du auf Erden binden wirst, das wird auch im Himmel gebunden sein, und was du auf Erden lösen wirst, das wird auch im Himmel gelöset sein!"

Einfacher und treffender geht es nicht mehr! Alle Leidenschaften und Laster, alle unsere schlechten Eigenschaften, die wir hier auf Erden ablegen, unter-"binden", die sind wir auch im Himmel los, und alle guten Eigenschaften, alles Schöne, alle Liebe, alles, was wir hier aus uns heraus-"lösen", das wird uns auch im Himmel zur Verfügung stehen! Auch wenn viele noch in alten Vorstellungen verhaftet sind, wir müssen begreifen, daß Gott uns nicht "aus Gnade" in den Himmel heben kann, unseren Haß in Liebe, unseren Ärger in Glück, unsere Lügen in Wahrheit verwandeln kann! Wir wären nichts anderes als Marionetten, deren Fäden Gott zieht! Doch aus irgendeinem - sehr wichtigen - Grund, den ich nur vage erahnen kann, wollte Gott unsere freie Entscheidung, und das heißt, wir müssen den Weg zur Liebe selbst gehen! Offenbar wird erst dadurch unsere Liebe gefestigt! Unsere Vorstellung von Liebe tritt allemal zu kurz, wenn es um Gottes Liebe geht. Millionen schmelzen dahin, wenn im Film der reiche junge Mann das schöne arme Mädchen aus der Gosse zu sich holt. Gottes Liebe ist anders! Er geht mit dem armen Mädchen durch Leid und Elend, gibt ihr hier und da kleine Fingerzeige, schafft die allzugroßen Steine auf ihrem Weg beiseite, bis sie sich selber hocharbeiten kann! Wieviel mehr ist das!

Es ist Ausdruck höchster Liebe, wenn jemand "sein Leben hingibt für seine Freunde"! Wieviele Mütter und Väter haben sich schon für ihre Kinder geopfert? Sind für sie im wahrsten Sinne des Wortes "durch die Hölle" gegangen? Wie viele haben für ihre Freunde Folter und Tod auf sich genommen? Auch Gott ist sich für diesen leidvollen Weg höchster Liebe nicht zu schade. Doch solche Liebe gibt es Gott sei Dank auch bei uns Menschen, und wäre das alles, Gott hätte uns nichts voraus!

Nein, nicht dadurch hebt sich Seine Liebe so himmelhoch von unserer ab! Drei Dinge sind es:

- Gottes Liebe ist ewig!

Menschenliebe kann sich ändern, aufhören, ins Gegenteil umschlagen, oft sehr schnell. Gottes Liebe nicht. Hört sie auf, hat Gott aufgehört zu existieren!

- Gottes Liebe ist nicht emotional und nicht sentimental, sie hat keine "Hochs" und keine "Tiefs", sie ist absolut beständig, und sie hält auch lange, lange Durststrecken durch!

Manches, was wir aus "Liebe" tun, ist in Wirklichkeit nur das Unvermögen, das Elend oder die Unfähigkeit des anderen noch länger ertragen zu können. Wieviele Kinder werden nie selbständig, weil ihre Mütter ihnen alles abnehmen? Aus "Liebe"! Gottes Liebe ist so groß, daß sie unsere Unfähigkeit, unsere Not und unser Leid ertragen kann, ja mittragen kann, weil Gott das Ziel sieht, das uns erwartet, wenn wir durch sind, und weil Er weiß, daß wir dieses Ziel nicht erreichen könnten, wenn Er uns "aus Liebe" unser Elend abnehmen würde!

- Gottes Liebe gilt für alle, Freunde und Feinde!

"Liebet eure Feinde", sagt Jesus, "denn was habt ihr für ein Verdienst, wenn ihr nur die liebt, die euch lieben, das tun auch die Heiden!"

Das ist der Schlüssel zur Gottesliebe.

Doch ausgerechnet Er selbst hält Sich nicht daran? Er erschafft für Seine Feinde eine feine Hölle mit allen Raffinessen, die auch den hartgesottensten Kerkermeister erschaudern läßt? Ausgerechnet Er "liebt" nur Seine Freunde, Feinde werden gnadenlos vernichtet? Großartig! Spüren Sie, wie weh das tut? Wie weh muß das erst Gott tun? Ich wollte nicht an Seiner Stelle sein! Es gehört viel Liebe dazu, das aushalten zu können! Ich wünsche mir so sehnlichst und bitte Gott um diese Gnade, daß für Sie alle die Hölle kein Thema mehr ist! Angst mag ihre Berechtigung haben, von mir aus überall, aber nie, nie bei Gott! Lassen Sie sich nie mehr Angst machen! Überdenken Sie stets neu diese Liebe, jeden Tag, jede Stunde, jedesmal, wenn die Angst Sie wieder einholt, und es beginnt wirklich ein neues Leben!

Das Bitten verschiebt sich immer mehr zum Danken hin. Es bleibt nur ein Wunsch übrig, ganz in diese Liebe eingebettet zu werden: "Vater, Dein Wille geschehe, gib mir die Gnade, stets Deinen Willen in mir zu spüren, und die Kraft, stets Deinen Willen zu tun." Mit diesem Gebet auf den Lippen können Sie wirklich alles tun, was Sie wollen! Gott läßt uns nicht in die Irre gehen, Er kann uns doch gar nicht falsch führen, wenn wir uns Ihm vorbehaltlos übergeben!

"Oder ist unter euch ein Vater, der seinem Sohn eine Schlange gibt, wenn er um Fisch bittet, oder einen Skorpion? Wenn nun schon ihr, die ihr böse seid, euren Kindern gebt, was gut ist, wieviel mehr der Vater im Himmel..."

Wir dürfen getrost auf unseren Vorstellungen aufbauen, wenn es um Gott geht! Wir sind "Sein Ebenbild"! Das ist eines der ganz großen Bibelworte, das in seiner ganzen Tragweite so ungeheuerlich ist, daß viele sich nicht getrauen, es in seiner wirklichen Bedeutung zu gebrauchen. Der biblische Schöpfungsbericht legt großen Wert darauf, daß wir Gott ähnlich sind und betont dies mehrmals nacheinander: "Dann sprach Gott: Lasset uns Menschen machen nach unserem Abbild, uns ähnlich! So schuf Gott den Menschen nach seinem Abbild, nach Gottes Bild schuf er ihn!" Ja, kann man es noch deutlicher sagen? Das bedeutet doch nicht, daß wir dieselbe Nase haben wie Gott. Sondern daß wir Gott insgesamt ähnlich sind, auch in unserem Wesen und in unserem Denksystem. Gott ist nicht etwas völlig anderes! Sein Denken, Seine Liebe ist nicht etwas völlig anderes, sondern läßt sich auf der Grundlage unseres Denkens und unseres Liebens ermessen. Auch Jesus baut immer auf unserer Liebe auf, wenn Er von Gottesliebe spricht! Immer legt Er unsere Liebe, unsere Umgangsformen, unser Verhalten zueinander zugrunde, um dann zu sagen: Wenn ihr (die ihr böse seid) das schon tut, wieviel mehr wird es dann Gott tun! Und deswegen dürfen wir auch so sicher sein: Etwas, das wir andern nicht antun würden, das würde uns Gott erst recht nicht antun, und etwas, das wir für andere tun würden, das würde Gott huntertmal für uns tun. Das ganze Evangelium ist doch voll mit diesen Gleichnissen, in denen Gott immer dasselbe tut wie ein guter Mensch, nur eben noch tausendmal lieber und vollkommener! Aber nie anders, nie aus dem Rahmen unseres Denksystems fallend. Immer steigert Jesus das, was wir uns vorstellen. "Ihr habt gehört... Ich aber sage Euch...", "wenn schon ihr... wievielmal mehr Gott..." Auch bei Gott ist zwei mal zwei gleich vier und nicht dreizehn! Soll mir einer mal die Stelle zeigen, wo Jesus sagt:

Ja, das ist eure Liebe, Gottes Liebe aber ist eckiger oder kürzer oder bewirft euch mit Steinen oder was weiß ich! Immer nur ist Gottes Liebe mehr als unsere, nie weniger! Und wenn wir nicht in der Lage sind, eine solche Hölle zu erschaffen, dann ist es auch Gott nicht, und wenn wir unsere Kinder richtig führen, dann führt uns Gott allemal richtig!

Immer, immer sagt Jesus nur das eine: Gott ist größer als ihr, aber nie: Er ist total verschieden! Das Himmelreich ist wie eine wunderschöne Perle! Nicht völlig anders! Nein, etwas, das ihr kennt, allerdings das Schönste davon. Oder das Gleichnis vom ungerechten Richter "... wenn schon dieser ungerechte Richter, wieviel mehr dann Gott?" Wir müssen endlich unsere konfessionelle Brille abnehmen und Jesus wirklich wörtlich nehmen.

Es ist mir auch ein Rätsel, wie die ganze Christenheit seit 20 Jahrhunderten einen Schreibfehler nachbeten kann, ohne laut aufzuschreien:

"Und führe uns nicht in Versuchung" - als ob Gott das jemals könnte!

Auch hier können wir wieder auf uns aufbauen. Nicht einmal wir bringen es fertig, jemanden in Versuchung zu führen, wievielmal weniger Gott? Oder testet etwa eine Frau ihren Mann vor der Hochzeit in einem Nachtklub auf Zuverlässigkeit? Schickt eine Mutter ihr Kind in die Drogenszene, damit es innerlich gefestigt wird? Wir beschäftigen keinen Diabetiker als Zuckerbäcker und keinen ehemaligen Alkoholabhängigen als Braumeister! Lächerlich, oder?

"Wer einen ... zum Bösen verführt, für den wäre es besser, wenn er mit einem Mühlstein um den Hals ins Meer geworfen würde."

Möchte jemand Gott ins Meer werfen?

Der Teufel ist doch der Versucher! Das Böse will uns doch von Gott abbringen! Gott betreibt doch nicht das Handwerk des Teufels!

"Und führe uns in der Versuchung!" So steht es im Original, und so hat es Jesus gesagt! Drei kleine Buchstaben sind es nur im Originaltext, die diesen Unterschied ausmachen. Aber kam einer Kirche, die über Jahrhunderte hinweg aus der Angst der Menschen Kapital geschlagen hat, ein unberechenbarer Fürchte-Gott nicht wesentlich gelegener?

Doch wäre es nun wirklich langsam an der Zeit, daß wir dieses Bild verblassen lassen, damit Seine wahre Liebe aufstrahlen kann.

"Wehe euch, ihr Gesetzeslehrer! Ihr ladet den Menschen Lasten auf, die sie kaum tragen können, selbst aber rührt ihr keinen Finger dafür."

Viele dieser Lasten wurden erkannt und sind teilweise schon beseitigt worden! Und ich weiß von vielen Menschen, daß sie nicht mehr bereit sind, diese unechten Lasten zu tragen, diese Verdunkelung Gottes mitzutragen! Viele arbeiten schon am neuen Bild Gottes, das ein Bild der Liebe sein wird, strahlend hell und ohne Flecken!

Es ist doch so einfach: Wenn wir uns nicht von Gott führen lassen wollen, dann führt Er uns auch nicht, kann uns nicht führen, weil Er unseren Willen respektiert! Wir können allen Lastern dieser Welt fröhnen, können uns besaufen und vollfressen, Geldgier, Geiz und Hurerei und sonst noch alles tun, was "Gott verboten" hat. Das sind doch keine Versuchungen Gottes, das ist unsere Freiheit, die Gott - sicherlich schweren Herzens - respektiert.

Doch wir können uns auch von Gott führen lassen, können jeden Morgen sagen: "Dein Wille geschehe, gib mir die Gnade, stets Deinen Willen in mir zu spüren, und die Kraft, stets Deinen Willen zu tun."

Glauben Sie immer noch, daß Sie Ihn dann täglich bitten müssen, daß Er Sie "nicht in Versuchung" führt? Er, der so lange auf diesen Augenblick gewartet hat, daß wir zu Ihm kommen und der Sich mit allen Engeln über unsere Rückkehr "mehr freut als über hundert Gerechte"? Er soll in der Lage sein, uns in Versuchung zu führen, uns in die Arme des Teufels zu schicken, "mal seh'n, ob er's schafft"?

Jetzt muß nur noch einer kommen und sagen, Gott hätte das Geld erschaffen und das Fernsehen, Nachtklubs und Spielhöllen, Drogen und Alkohol, um etwas zu haben, womit Er uns dann in Versuchung führen kann. So vieles glauben wir, reden wir einfach so daher, ohne uns einmal Gedanken zu machen, was es wirklich bedeutet!

Sie meinen, weil Sie trotzdem ständig zuviel essen, zuviel schimpfen, zuwenig lieben, lieber fernsehen als beten?

Das sind keine Versuchungen Gottes! Das sind unsere ureigensten menschlichen Schwächen, mit denen wir freilich "ewig" kämpfen werden. Wir sind ja nicht deswegen schon heilig, weil wir gerade eben beschlossen haben, mit Gott zu gehen, uns von Ihm führen zu lassen! Unsere menschlichen Schwächen werden uns unser ganzes Leben begleiten! Doch wird Gott alles daransetzen, sie auszumerzen, uns alle nur mögliche Hilfe zur Verfügung zu stellen, um uns in Seiner Liebe so zu festigen, bis wir in der Lage sind, den Versuchungen des Bösen zu widerstehen! Und so lange wird er uns "in der Versuchung" führen und darauf achten, daß wir heil hindurchkommen! Und nur diesen Sinn hat diese Vater unser-Bitte, uns ganz bewußt unter Seinen Schutz und Seine Führung zu begeben. Auch wenn ich sicher bin, daß Er und in Seiner Stellvertretung unser Schutzengel in der Lage sind, vieles von uns abzuhalten, so wird Er es doch immer wieder zulassen müssen, daß wir (vom Bösen) in Versuchung geführt werden. Und vielleicht ist es sogar gut so! Wer weiß, ob wir nicht in der Überwindung dieser Versuchung einen großen Schritt nach vorne machen? Dann wäre es ja gerade falsch gewesen, wenn Gott unserer verkehrten Vater unser-Bitte Folge geleistet und diese Versuchung nicht zugelassen hätte! Vielleicht wird der Teufel eines Tages erkennen, wie er eigentlich Gott in die Hände gearbeitet hat! Denn Gott hat Zeit! Mehr, viel mehr, als wir denken! Er denkt nicht in Tagen oder in Jahren, Er denkt in "Ewigkeiten". O könnten wir es doch einfach bei der Bitte belassen: "Vater, Dein Wille geschehe!"

Es gibt eine wunderschöne Geschichte:

Ein Mensch besieht vom Himmel aus seinen Lebensweg. Er sieht zwei Spuren, die seinen und die von Jesus nebeneinander herlaufen. Doch immer an den Stellen seines Lebens, wo es schwierig wurde, wo er in Problemen steckte und verzweifelt war, da sieht er nur eine Spur. Irritiert wendet er sich an Jesus: "Es ist ja schön und gut, daß Du normalerweise bei mir warst, aber es enttäuscht mich sehr, daß Du mich ausgerechnet zu meinen schwersten Zeiten verlassen hast ("in Versuchung geführt hast"). Jesus lächelt: "Mein Sohn, Ich habe Dich nicht verlassen. Was Du da siehst, sind Meine Spuren. In diesen Zeiten habe Ich Dich getragen ("führe uns in der Versuchung").

Alles klar? Kein Vater unser mehr! Nein! Im Gegenteil! Nur etwas anders! Die Worte bleiben gleich, die Gedanken ändern sich!

Irgendwann müssen wir sowieso einmal erkennen: Es sind nur die Gedanken, die zählen - und sonst nichts! Der gute Gedanke zählt - auch wenn die Ausführung aus irgendeinem Grunde nicht geklappt hat. Aber es zählt auch der schlechte Gedanke, auch wenn wir ihn nicht ausgeführt haben, genauso!

"Ich aber sage euch, wer eine Frau auch nur lüstern ansieht..."

Johannes geht noch einen Schritt weiter: "Wer seinen Bruder haßt, ist ein Mörder."

Und er hat recht! Die Gedanken sind das Entscheidende! Alle Gebete der Welt sind sinnlos, wenn die Gedanken nicht stimmen!

Und so ist es auch auf der anderen Seite! Was wir beten, ist völlig gleichgültig, es kommt nur auf unsere Gedanken, auf unsere Gesinnung an. Gott hört unsere Worte nicht, er ist kein Mensch, er hat keine "Ohren"! Aber Er sieht unser Herz und spürt unsere Gedanken. Egal ob wir mit Worten beten oder ohne! Egal ob mit eigenen oder mit vorformulierten Gebeten!

Warum ist mir das so wichtig? Warum muß ich unbedingt auch noch das Vater unser "auseinandernehmen"? Weil ich weiß, daß es vielen so geht wie mir, nicht nur mit dieser Vater unser-Bitte, auch mit vielen anderen Gebeten, deren Formulierungen unverständlich sind, teils auch objektiv falsch, oder die uns einfach nicht "liegen". Es gibt immer

Gebete, die einem nicht liegen. Doch wie sollen wir zu einer Gemeinsamkeit im Leben finden können, wenn jeder sich schon am Gebet des anderen stört?

Auf diese Art hingegen können wir jedes Gebet mitbeten, ein "führe uns nicht in Versuchung" wird in Gedanken einfach zum "führe uns in der Versuchung". Das geht bei jedem Gebet! Selbst wenn es sich nicht nur um Konfessionsverschiedenheiten, sondern gar um fremde Religionen handelt.

Mit dem anderen sein Gebet sprechen, das ist unsere Wertschätzung für die Frömmigkeit, Tradition und Lebensart des anderen! Unsere Wertschätzung für den anderen als ein uns gleichwertiges Gotteskind! Er ist unser Bruder, unser Nächster. Wollten wir ihn nicht sogar lieben?

Wir brauchen sonst gar nicht erst anzufangen, vom Frieden Gottes zu reden, er wird nie kommen! Und so wie der Wortlaut unsere Wertschätzung für die uns fremde Lebens- und Glaubensform ausdrückt, so finden unsere Gedanken stets unseren eigenen Weg zu Gott! Und nie brauchen wir jemanden vor den Kopf stoßen, demütigen, ihm seinen Glauben absprechen, als Ungläubigen oder Sektierer beschimpfen.

Beten ist ohnehin mehr, als wir gemeinhin dafür halten! Jeder gute Gedanke ist ein Gebet, jede Freude mit Gott geteilt, ist ein Gebet! Er wartet auf unser Glück. Wann lassen wir Ihn daran teilhaben?

Jede Blume, jeder Grashalm wird dann zum Wunder Gottes, jeder Baum, jeder Schmetterling trägt das Antlitz Gottes und aus jedem Kind schauen uns Seine Augen an!

Ganzhingabe an Gott wird oft gleichgesetzt mit Leiden, ja, im Leid der "Gottesweg" schlechthin gesehen! Das ist ein Weg. Ein anderer ist es, alle Schönheit dieser Welt zu sehen, das Glück zu genießen, ganz bewußt Schönes zu erleben und zu lieben und alles Ihm hinzulegen, für alles Ihm zu danken, tausendmal am Tag zu sagen:

Jesus ich liebe Dich

Gott will unser Glück! All das Leid hat nur den einen Sinn, uns die Augen dafür zu öffnen! Überall das Gute sehen, und sei es noch so klein und versteckt, aufhören zu kritisieren, den anderen da stehen zu lassen, wo er ist, seinen Weg auch als einen Weg anzuerkennen und keinen Allwissenheitsanspruch zu erheben. Wir schaffen uns unser Leid doch selbst! Stets zu meinen, der andere müsse so sein wie wir, dasselbe glauben, denselben Weg gehen wie wir, ständig zu kritisieren, alle für dumm zu erklären - wie wollen wir denn in dieser negativen Schwingung glücklich werden?

Es ist nicht zu glauben, was in manchen Köpfen vorgeht:

Da kommen die Evangelischen nicht in den Himmel, weil dort nur gebeichtete Katholiken hineindürfen. Und die auch nur in den unteren Teil, weil der obere Teil für die reserviert ist, die die alte Messe auf lateinisch feiern. Die Zeugen Jehovas lassen nur 144.000 hinein, die Mohammedaner müssen für den höchsten Himmel im heiligen Krieg fallen. Bei manchen Predigern wiederum kann man ihn sich kaufen.

Haßerfüllte Streitgespräche, Bösartigkeiten und Beschimpfungen sind die Mittel, mit denen um den "wahren" Glauben gekämpft wird. Niemand kann die Menschen zählen, die in Glaubenskriegen umgebracht wurden - aus Liebe zu Gott? Ja sind wir eigentlich noch zu retten! Was wundert's da, daß nur so wenige die Wahrheit finden? Könnten wir doch auch hier Jesus wörtlich nehmen, wenigstens in Glaubensangelegenheiten:

"Wenn dich einer auf die rechte Wange schlägt, dann ...", "Ihr habt gehört: Aug' um Aug', Zahn um Zahn, ich aber sage Euch...", oder als Jesus bei Seiner Gefangennahme Petrus das Schwert verbietet. Soll mir mal einer die Stelle nennen, wo Jesus zum Religionsstreit oder gar zum Religionskrieg aufruft! Wie wollen wir denn Liebe finden, wenn wir haßerfüllt suchen, wie Frieden mit Krieg, wie Gott mit den Augen des Teufels? Keiner, nicht ein einziger kommt in den Himmel wegen seines Glaubens! Nur wegen seiner Liebe! Alle Glaubensgemeinschaften der Welt, sie können nicht einen einzigen in den Himmel bringen, wenn sie ihn nicht zur Liebe bringen. Kirche, Gebete, Opfer, sie sind sinnlos, wenn sie nicht die Liebe wecken in uns! Niemand kommt in den Himmel, nur weil er fünftausendmal in der Kirche war oder hundert Rosenkränze gebetet hat.

Doch Vorsicht! Religiöse Feiern, Kirche, Sakramente, Rosenkranz, Gebete, sie sind unheimlich wichtig, wenn nicht unverzichtbar, weil sie uns stets neu die Gelegenheit geben, uns in Ruhe mit Gott zu verbinden, uns auf Seine Liebe zu besinnen und uns die Kraft zu holen für unser tägliches

Leben und Lieben! Die meisten Menschen sind auf feste Formen angewiesen, brauchen die Gemeinschaft, die Sicherheit der anderen. Wir werden immer noch beherrscht von Trägheit, und ohne feste Gewohnheiten verliert sich manches im Sande. So kommen auch nur wenige ohne festen Ritus aus, nur wenige sind stark genug, sich der "Trägheit des Fleisches" zu widersetzen! Und viele, die guten Willens sind, aber meinen, sie könnten alles alleine, finden sich oft nur allzuschnell in der Gruppe der "Lauen" wieder. Zu schnell verwischen Alltagstrott und weltliche Sorgen wie Freuden das Gesicht Gottes in uns, bis es oft zur Unkenntlichkeit verblaßt! Gerade darum wäre es so wichtig, daß sich die Religionen und religiösen Gemeinschaften nicht gegeneinander abschotten und mit unzähligen Dogmen unüberwindliche Hindernisse aufbauen.

Die vielbeschworene Einheit der Christen wird nicht dadurch zustandekommen, daß jeder alles über Bord wirft, bis einer in seiner Nacktheit dem anderen gleicht. Sie kennen vielleicht den Traum, wo ein tiefer Graben den Menschen den Zutritt zur Kirche unmöglich macht. Der Pfarrer sinnt lange über eine Lösung nach, dann beginnt er, den Graben aufzufüllen, zuerst mit den Kirchenbänken, dann mit den Altären, Bildern und Statuen, und als das immer noch nicht reicht, mit den Heiligen Gegenständen und zum Schluß mit dem Kreuz. Nun ist der Graben aufgefüllt, die Leute können wieder in die Kirche und der Pfarrer atmet auf; doch die Menschen sind enttäuscht. Was sollen sie auch hier, es ist ja alles leer, und so verlassen sie die Kirche wieder.

So geht's nicht.

Es kann nur dann gelingen, wenn jeder seinen Weg geht, jeder seinen Glauben behält und ihn ausschmückt und gestaltet, wie es ihm gefällt, aber jeden anderen Weg als gleichwertig toleriert. Wenn er jeden anderen Glauben neben sich stehen lassen kann ohne Herablassung und Stolz. Wir sind alle verschieden. Gott will nicht, daß wir alle gleich werden - ein einziger Mensch hätte Ihm sonst genügt. Er will, daß jeder seinen Weg geht und alle anderen ihre Wege gehen läßt. Wenn solcherart Frieden herrscht, dann wird Gott jeden Weg so führen, daß er bei Ihm endet! Diese Toleranz der Religionen untereinander, und allem voran innerhalb der Gemeinschaften, ist absolute Vorbedingung für Frieden! Das Ziel muß Gott sein und Seine Liebe; dann kann doch jeder das Vater unser mitbeten, auch wenn er von Heiligen und Engeln und vielleicht auch von Gott andere Vorstellungen hat. Auch wenn er an einer anderen Stelle seines Glaubensweges steht wie wir. Sind schon die Wege verschieden...

Wie bitte?

Ja, ich weiß sehr wohl, daß Jesus sagt: "Ich bin der Weg...", aber den ist Er für jeden anders! Das ist ja gerade das Großartige an Gott! Bei Ihm gibt es keine "Schubladen", eine für Katholiken, eine für Evangelische, eine für... Bei Ihm gibt es nur Sie und mich und jeden Menschen einzeln! Und sind schon unsere Wege verschieden, so steht auch noch jeder an einem anderen Punkt. Morgen kann er mich vielleicht verstehen, wenn er über den Berg drüber ist, der ihm heute noch die Sicht versperrt. Und vielleicht kann ich in einigen Jahren meinen Nachbarn verstehen, wenn ich die Erfahrungen machen durfte, die er schon lange hinter sich hat.

Jesus sagt: "Liebe Deinen Nächsten wie Dich selbst!" Er sagt doch nicht: "Zeig' ihm, wie's geht, mach' ihn Dir gleich, bring' ihn auf Deinen Weg, zieh' ihm Deine Schuhe an..."

"Großer Geist gib, daß ich meinen Nachbarn nicht eher tadle, als bis ich eine Meile in seinen Mokassins gewandert bin", so lautet es bei den Indianern. Haben die Ihn besser verstanden?

Egal, in welchen Mokassins der andere ankommt, wir können ihn doch mitgehen lassen, können selbst mit ihm gehen und vor allem mit ihm beten! Es ist so wichtig, daß wir beten, gerade auch gemeinsam beten. Es gibt nichts, was mehr zusammenschweißt als gemeinsames Gebet in der Gemeinde, im Freundeskreis und gerade auch in der Familie. Eine Familie, die regelmäßig gemeinsam betet, geht nicht auseinander!

Doch jede glückliche und gottgeschenkte Stunde ist eine religiöse Feier, für jede Freude gedankt ist ein Gebet, und jedes liebe Wort, jede gute Tat, jeder liebevolle Gedanke ist ein Sakrament, das Sakrament der Liebe!

Angst sägt den Ast ab am Baum der Liebe Gottes, auf dem wir sitzen! Angst war schon immer das Zaubermittel nahezu aller Religionen, denn Angst verleiht Macht. Wer Angst hat ist abhängig, er lechzt nach den Versprechungen des Himmels wie ein Süchtiger nach Heroin! Gott will keine Süchtigen! Er will reife, selbständige Menschen, die lieben können um der Liebe willen, nicht aus Angst!

Was ist denn Angst? Wer hat sie erschaffen? Woraus besteht sie? Wem und wozu dient sie?

Vordergründig dient sie dem Teufel, damit hat er uns im Griff! In Wirklichkeit aber dient sie Gott, indem sie uns wieder zu Ihm zurückbringt. Auch die Angst ist nichts anderes als ein Gummifaden, der uns immer noch mit Gott verbindet, auch wenn wir uns weit von Ihm entfernt haben. Je mehr wir uns von Ihm entfernen, desto stärker spannt der Faden sich, desto größer wird die Angst. Alles ist hierauf zurückzuführen.

Gott ist Licht - mit zunehmender Entfernung von Ihm wird es immer dunkler!

Gott ist Liebe - mit der Entfernung nimmt der Haß zu!

Gott ist Ordnung - je weiter wir von Ihm weg sind, desto größer das Chaos, in dem wir leben!

Gott ist Sicherheit - mit zunehmender Entfernung wächst die Angst! Und zwar zwangsläufig, als Folge unserer Abkehr von Gott, niemals als Strafe! Es gibt keine Strafen Gottes! Alles funktioniert so, alles! Gottes Gnade ist nicht der Topf, aus dem Seine Liebe tropft und uns zu Engeln macht. Seine Gnade ist der Rippenstoß, der uns zur Besinnung bringt, oft ein "Schicksals"-Schlag, der uns wieder den Weg zu Ihm weist! Und Seine Gnade ist auch die Straßenlaterne, die uns diesen Weg beleuchtet! Doch gehen müssen wir selber!

Auch die Angst kann so ein Rippenstoß sein! Auch sie hat schon viele auf den Weg gebracht. Aber wir müssen sie wieder verlieren! Wir können sie Ihm hinhalten und je näher wir Ihm kommen, desto mehr wird Seine Liebe sie schmelzen können. Angst kann uns den Weg finden lassen, aber niemals Gott!

Ein Kind, das keine Angst vor mir hat, kann ich in den Arm nehmen, und es wird sich mit einem glücklichen Lächeln an mich drücken und die Sicherheit meiner starken Arme genießen. Ein Kind, das Angst vor mir hat, kann ich doch nicht an mich drücken! Ich würde es ja erschrecken! Ich will ihm doch nicht weh tun! Ich kann aus der Ferne versuchen, beruhigend auf es einzureden. Verliert es seine Angst - wunderbar! Verliert es sie nicht, dann bin ich mit all meiner Liebe machtlos, ich kann es nicht in den Arm nehmen, ohne seine Angst noch zu vergrößern! Wann ist bei uns der Bann gebrochen? Wann verlieren wir unsere Angst?

Und auch wenn ich mich wiederhole, ich sage es nochmals, und wenn die ganze Welt das Gegenteil behauptet, auch dann höre ich nicht auf damit:

G o t t i s t L i e b e ! L i e b e ! L i e b e !

Und Liebe kennt weder Strafe noch Hölle! Liebe kann nur lieben, und ewige Liebe liebt ewig! Was für ein Schwachsinn zu behaupten, Gott sei zwar Liebe, aber Seine gerechte Ordnung zwinge Ihn, diejenigen, die auf der Erde versagt haben, in die Hölle zu werfen. Gottes Liebe und Gottes Gerechtigkeit sind eins! Seine Gerechtigkeit kann doch niemals Seine Liebe verlassen. Seine Ordnung ist eine Ordnung der Liebe und Seine Gerechtigkeit eine Gerechtigkeit der Liebe. Alles andere entspringt unserem kranken Hirn, weil wir einen völlig verkehrten Gerechtigkeitsbegriff haben. Für uns ist Gerechtigkeit, wenn der, der etwas ausgefressen hat, ordentlich eine übergebraten bekommt. Und wer mehr geleistet hat, muß auch mehr erhalten. Ein System von Strafe und Belohnung! Das ist nicht Gottes Ordnung. Für Gott gibt es nur eine Frage: Wie kann Ich jeden wieder zu Mir zurückbringen, welche Mittel sind hierfür am geeignetsten, am erfolgversprechendsten! Und diese Mittel setzt Seine unendliche Liebe und Weisheit dann ein, auch wenn sie mal weh tun! Doch irgendwann wird Ihm damit das gelingen, was unsere Rechtsordnung nie schaffen kann, irgendwann wird Er alle wieder bei Sich versammeln können! Und dann ist jeder gleich! Auch der, der zuletzt gekommen ist! Im Himmel gibt es doch keinen Neid und keine Mißgunst! Das wäre ja die reinste Hölle! Alle werden gleich sein, sich gleich fühlen, sich gleich lieben und gleich geliebt werden. Das ist Himmel!

Und genau das will uns Jesus sagen in Seinem wunderschönen Gleichnis vom Gutsbesitzer, der alle drei Stunden auf den Marktplatz geht und Arbeiter für seinen Weinberg anwirbt. Den ersten verspricht er einen Denar; als er dann den letzten, die nur eine Stunde gearbeitet haben, auch einen Denar gibt, werden die ersten neidisch und zornig!

Ja, Gottes Gerechtigkeit ist anders. Nur die Liebe kann sie verstehen!

Der große indische Heilige, Ghandi, wurde einmal von christlichen Missionaren gefragt, was sie denn tun könnten, um die Inder zum christlichen Glauben zu bekehren. Ghandi antwortete ihnen: "Sie kennen das Geheimnis der Rose, also duften Sie, meine Herren!"

Duften wir? Oder wäre es besser, wir würden verduften, als ständig den anderen zu kritisieren, zurechtzuweisen, zu belehren, ihn mit unserer Allwissenheit zu beglücken, seiner Beschränktheit großzügig auf die Sprünge zu helfen? Könnten wir ihn nicht stehen lassen, dort wo er steht? Ihn akzeptieren? Seine Lebensweise, seine Sicht, seinen Weg als eine unter unendlich vielen Möglichkeiten sehen? Und mit "Duft" statt mit Gewalt zu bekehren?

"Was ihr dem geringsten meiner Brüder getan habt, das habt ihr mir getan!"

Stünde Gott vor uns, würden wir "duften", warum begegnen wir dann denen so oft mit "Gestank", mit denen Jesus sich identifiziert? Warum nehmen wir Jesus nicht wörtlich? Unser Duft hätte die Welt schnell bekehrt ohne Worte, ohne Belehrung, ohne Kritik, ohne Streit, ohne Krieg! Wer stinkt, dem wird ewig der Modergeruch der Hölle in die Nase steigen, sein Gestank wird den Duft Gottes immer über-

tünchen! Wer duftet, wird auch den Duft Gottes in sich aufnehmen können, und er wird sehr schnell merken, daß kein Modergeruch darinliegt!

Gott duftet - wir auch?

Warum mir das so wichtig ist, der Beweis, daß Gott Liebe ist? Echte, wahre, höchste Liebe, ohne Schatten? Für mich, für Sie, für jeden einzelnen von uns ist dies die einzige Möglichkeit, Gott wirklich echt zu lieben, vorbehaltlos, angstlos! Ein herrliches Gefühl für uns und sicherlich auch für Gott. "Geliebt" zu werden aus Angst oder mit Angst - ich wollte so nicht geliebt werden!

Doch es hat noch einen zweiten Grund. Unser Leben hängt stark mit unserem Gottesbild zusammen. Blutrünstige Naturgötter, ein zerstrittener Götterhaufen in der Antike, zerstörerische Hindugötter, Allah, der den Krieger mit höchsten Ehren bedenkt, ein alttestamentarischer Gott, der sein Volk von einem Krieg zum anderen führt und letztendlich ein christlicher Gott, für den Strafe und Vernichtung zum normalen Handwerkszeug gehören - wie sollen diese Götter Frieden schaffen können? Nur mit diesen Gottesbildern im Rücken ist es möglich, Kriege zu führen, anderen seinen Glauben mit Gewalt aufzuzwingen, Folter und Tod für Andersgläubige und "Ketzer". Wieviele Menschen haben ihr Leben verloren als Götzenopfer, in Kreuzzügen, in "heiligen" und sonstigen Glaubenskriegen, durch die Inquisition? In allen Kriegen war Gott dabei! In Seinem Namen wurden französische und deutsche Kanonen gesegnet, hat Europa Afrika versklavt, hat Amerika seine Kriege begründet!

Alle christlichen Friedensinitiativen sind vor diesem Hintergrund zum Scheitern verurteilt, mit einem solchen Gott ist kein Blumentopf zu gewinnen! Wie anders wäre ein Gott, der keine Strafen kennt? Der nie verurteilt, nie vernichtet? Der wirklich die linke Backe hinhält, wenn Ihn einer auf die rechte schlägt? Würden alle, die glauben, dieses Gottesbild annehmen, bräuchte sich niemand mehr um die "Ungläubigen" zu kümmern, die heute so gerne für alles Böse verantwortlich gemacht werden. Die Macht der Liebe wäre so groß, das Böse hätte keine Chance!

Glauben Sie mir, daß der Teufel alles versuchen wird, ein solches Gottesbild zu verhindern! Global betrachtet, habe ich dem nicht viel entgegenzusetzen, doch jeder einzelne, der zur echten Liebe Gottes findet, vergrößert die "Streit"-Macht Gottes, die nie streitet, die nie kämpft, die nie verletzt, die nichts anderes ist als die gesamte Liebesschwingung aller, die Ihn wirklich lieben und aus Liebe für Ihn eintreten, die das Böse nicht bekämpfen und dadurch nur neues Böse schaffen, sondern durch Liebe neutralisieren - so wie eine Säure am schnellsten neutralisiert wird durch eine gleich starke Lauge. Das Böse, wir können es auslaugen, aber nur mit echter Liebe, denn Angst laugt uns aus!

Ein solches Gottesbild ist das Einzige, das dem Bösen wirklich schaden kann! Denn jeder, der zu diesem Gottesbild findet, ist für das Böse unwiederbringlich verloren. Denn dann nehmen Sie ihm auch noch den letzten Trumpf aus der Hand, der ihm bisher noch geblieben ist: die Angst! Auch das gehört zu seiner Strategie, daß dies den meisten nicht bewußt ist. Macht und Geld, Medien, Pornographie, Alkohol und Drogen - jeder weiß, daß dies seine Hauptbetätigungsfelder sind. Daß er über die Angst weit mehr Einfluß auf die Menschheit hat, ist den wenigsten bewußt! Angst ist das Urübel! Alles Böse hat seinen Ursprung in der Angst!

Darum ist es auch die größte Sünde aller Religionen, daß sie ein System der Angst aufgebaut haben, um Macht über die Menschen zu gewinnen und sie so zu "zwingen", ihre Vorschriften ernst zu nehmen!

Dadurch mag es ihnen vielleich gelingen, Menschen zu Gott zu führen, aber nur wenige können sich wirklich befreien!

Ja! Befreien!

Darum nämlich sind wir auf der Welt, uns zu befreien von allem, was uns von Gott trennt, uns wirklich frei zu machen für Ihn: "Was ihr auf Erden löset, das wird auch im Himmel gelöset sein!"

Befreien wir uns von der Angst und machen wir uns frei für Seine Liebe und für Seinen Willen. Er braucht jeden von uns. Er kann ohne uns auf Erden nichts tun! Er kann unser Gehirn sein, kann für uns denken, wenn wir uns wirklich frei machen für Ihn, aber wir müssen Seine Hände sein - und das ist dann der Himmel auf Erden, von dem Jesus spricht.

Glauben Sie mir nun, daß der Teufel alles versuchen wird, ein solches Gottesbild zu verhindern?

Gott duftet! Wir auch?

Diese Reihe wird in loser Folge fortgesetzt. Wenn Sie an den Folgebänden interessiert sind, schreiben Sie uns, wir werden Sie dann über unsere Neuerscheinungen unterrichten.

REGIATREX-VERLAG
Vorarlbergerstr. 13
D-88212 Ravensburg

Kinderbücher von Benjamin Klein

Lena - Maus * Orka, der Schwan

Ein wunderschön gestaltetes Kinderbuch, das mit seinen 12 meist doppelseitigen Aquarellbildern nicht nur Kinder verzaubert. Es ist das "Engel-Buch" für Kinder. Es öffnet die Augen für die geistige Welt und wird mit derselben Freude von Kindern und Erwachsenen gelesen.

ISBN 3-928080-02-4
DM/sFr 19,80/öS 160

Lena - Maus * Die Baumelfe

Zweiter Band der Lena Maus in derselben Ausstattung.

ISBN 3-928080-06-7
DM/sFr 22,80 /öS 180

Ben der Wildschweinkönig

Ein Kinderbuch von 8-80. Hier erzählt Benjamin Klein eine lustige Tiergeschichte vom kleinen Wildschwein Ben, das schon immer anders war als die anderen. Er nimmt viele heute so selbstverständliche Dinge aufs Korn, ohne belehrend zu wirken. Ja, und bis Ben dann wirklich Wildschweinkönig ist, hat er noch viele Abenteuer zu bestehen. Ein Buch zum Lachen **und** Nachdenken.

180 S. 40 Bilder ISBN 3-928080-05-9
DM/sFr 19,80 / öS 160

Weitere Bücher aus dem REGIATREX-VERLAG:

Das Buch vermittelt einen tiefen Einblick in die Welt des Geistes: Gedanken, Gebet, Meditation.
Der praktische Teil führt allgemeinverständlich und mit genaue Arbeitsanleitungen Schritt für Schritt zu einer tiefen christlichen Meditation.

Großformatiger Bildband, DIN A4 hoch, 152 Seiten.
62 teils ganzseitige Farbbilder.
REGIATREX-VERLAG ISBN 3-928080-01-6